Dieses Büchlein sei allen
Kollegen und Kolleginnen gewidmet,
insbesondere denen, die ihren Dienst im
stressigen und anstrengenden
Wechselschichtdienst versehen.

Gedankt sei außerdem denjenigen,
die mit ihren Schilderungen
zu dem Gelingen des Büchleins
beigetragen haben.

Danke auch an
Nicolina Franck, Berlin

Für

Monika

Vanessa

&

Tibor

Herstellung und Verlag:
Books on Demand GmbH, Norderstedt
ISBN 978-3-8423-6505-6

Sti(e)lblüten und Anekdoten aus dem polizeilichen Alltag

Dem Bürger auf den Mund geschaut

Alkoholisierter türkischer Autofahrer befragt zur Vereinbarkeit von Alkoholkonsum mit dem Koran:

"Allah ist weit weg. Allah ist in der Türkei!"

Kraftfahrer nach Bekanntgabe der Beschlagnahme seines Führerscheines:

"Mein Auto fährt nicht mit Führerschein, sondern mit Benzin!"

Eine Dame nach einem Brand in ihrer Wohnung, bei dem die Feuerwehr mit schwerem Atemschutzgerät im Einsatz ist:

"Jetzt muss ich erst mal eine rauchen!"

Viel Rauch um nichts

Starke Rauchentwicklung im 26. Stock eines Wohnblocks. Großeinsatz von Polizei und Feuerwehr. Die Wohnungstür muss in Abwesenheit der Mieterin gewaltsam geöffnet werden.
Deren Kommentar bei der Rückkehr:

"Musste das sein? Ich glaub', da habt Ihr wohl etwas übertrieben!"

Selbsterkenntnis

Polizeikontrollstelle anlässlich einer Großfahndung. Die Fahrbahn wird mit zwei Funkstreifenwagen verengt. Ein Kraftfahrer rollt in Schrittgeschwindigkeit an den Beamten vorbei und versucht, aus dem Fahrzeug heraus mit diesen ein Gespräch zu führen. Im nächsten Moment fährt er auf einen der Polizeiwagen auf. Sein unkommentierter Ausruf im Anschluss:

"Wie kann ein einzelner Mensch so blöd sein ..."

Fesselungskünstlerin

Eine Randaliererin sollte zum Selbstschutz gefesselt werden, sträubte sich aber heftig dagegen. Als die Situation festgefahren schien, zweifelte der Beamte aus taktischen Gründen an, dass die Frau den Schließmechanismus der Handschellen beherrsche. Hierdurch fühlte sich diese offensichtlich herausgefordert, nahm die Handschellen und legte sie sich voller Stolz fachgerecht selbst an. Als ihr dämmerte, was sie gerade getan hatte, gab sie den Widerstand auf und seufzte lächelnd.

Ein Pkw wird auffällig, weil er im Straßenverkehr geführt wird, obwohl das Kfz auf der Fahrerseite keine Bereifung aufweist. Mit einer entsprechenden Schräglage ist das Fahrzeug Funken stiebend auf den Felgen spektakulär unterwegs. Bei der anschließenden Kontrolle entrüstet sich der Fahrer:

"Wieso werde ich einer Kontrolle unterzogen? Ich habe mich doch an die Verkehrsregeln gehalten!"

Eine Anruferin beschwert sich an einem Werktag über Baulärm in einem Neubaugebiet.
Es wird vergeblich an ihr Verständnis appelliert, da sie

doch auch erst kürzlich gebaut haben muss. Dies veranlasst sie zu der Bemerkung:

"Ja, das stimmt. Nun wollen wir aber unsere Ruhe haben."

Über lärmende Kinder auf dem benachbarten Kinderspielplatz, der sich dort bereits seit Jahren befindet, führt ein Anwohner Beschwerde.
Auf die Frage, warum er sich denn erst jetzt darüber beschwere, liefert dieser die einleuchtende Erklärung:

"... weil unsere Kinder nun erwachsen sind."

Eine uniformierte Streife trifft mit dem Dienstfahrzeug am Einsatzort ein. Dies verlasst die Anruferin zu der Bemerkung:

"Sind Sie eigentlich im Dienst, oder haben Sie Feierabend?"

Die Anzeigenerstatterin besteht darauf, dass ihr Pkw

entwendet wurde. Auf die Frage, ob sie sich bzgl. des Abstellortes wirklich sicher ist, reagiert sie sehr erbost:

"Na hören Sie mal, ich bin doch nicht doof!"

Im Zuge der Ermittlungen wird festgestellt, dass der Pkw im Nachbarort geparkt wurde.

Ausländischer Mitbürger auf die Frage, ob er die deutsche Sprache verstehe:

"Ich nix verstehen. Ich Aussengeländer.."

Ein sichtlich alkoholisierter Mofafahrer versucht, vor Fahrtantritt seinen Jethelm aufzuziehen. Als er den Helm endlich übergestreift hat, beginnt er laut zu lamentieren:

"Ich seh´ nix mehr. Ich kann nichts mehr sehen!"

Der Mann konnte beruhigt werden. Physiologische Gründe lagen für seine plötzliche Erblindung nicht vor. Bewundernswerterweise war es ihm gelungen, den Helm mit der Gesichtsöffnung nach hinten aufzuziehen..

Die Streifenwagen der Bereitschaftspolizei trugen im Kennzeichen als Städtekennung ein GP für Göppingen. Während der Streife suchte ein Mitbürger das Gespräch mit den Kollegen und äußerte folgende Vermutung:

"Gell, das GP steht für Kriminalpolizei!"

Fundstellen in polizeilichen Berichten

Häuslicher Unfall?

Der Betroffene stieg auf die Leiter. Dabei verlor er das Übergewicht und stürzte zu Boden..

Tierisches im Straßenverkehr

... bei einer Überprüfung wurde festgestellt, dass der rechte Schweinwerfer defekt war.

Doppelt hält besser

...die körperliche Durchsuchung wurde von einer weiblichen Kollegin vorgenommen.

So ein Müll!

Dass der Beschuldigte mit einer Flasche auf den fahrenden Lkw seines politischen Gegners warf erfüllt nach unserer Ansicht lediglich den Tatbestand der illegalen Abfallentsorgung ...

Neues Berufsbild?

Einleitender Satz bei einer Vernehmungsniederschrift:

...der ledige Scheisser gibt nach Belehrung zum Tatvorwurf Folgendes an:

Die ganz normale dienstliche Konversation

Kollege bei der Einsatzbesprechung anlässlich des Auftretens eines Bewaffneten, der seinen Suizid androhte:

"Es ist besser, wenn Du im Ernstfall schießt, weil meine Beförderung ansteht!"

Aufforderung bei einer Fahrzeugkontrolle zu vorgerückter Stunde:

"Ihr Warnkasten und Verbandsdreieck bitte!"

Der Kollege wird gefragt, ob er mit auf Fußstreife gehen will. Seine Antwort:

"Solange noch nicht der letzte Tropfen Benzin verfahren ist, solange werde ich nicht zu Fuß gehen."

Begrüßung des Streifenpartners:

"Ach, heute als Mensch verkleidet?!"

Der Kollege erscheint etwas overdressed und entlockt dadurch den Anwesenden folgende bewundernde Feststellung:

"Mensch, du kannst einfach alles tragen - aber stehen tut Dir nichts!"

Der unübersehbar korpulente Kollege liefert folgende einleuchtende Erklärung für sein Körpergewicht:

"Ich bin für mein Gewicht lediglich zu klein.."

Sein gelichtetes Haar veranlasst diesen Kollegen zu der selbstbewussten Bemerkung:

"Ein schönes Gesicht braucht halt Platz.."

Als beliebter Zeitvertreib gilt es in Kollegenkreisen, im Textverarbeitungsprogramm über die Funktion „Autokorrektur" den Namen des jeweiligen Opfers durch die gerade gängigen Schmähungen zu ersetzen. Soll nun der Dienstbericht mit dem Namen des Verfassers abgeschlossen werden, so verwandelt dieser sich – dank der obigen Funktion – meist in einen Kommentar, der in seiner Eindeutigkeit kaum zu überbieten ist...

Der sichtlich übermüdete Kollege bekommt in den frühen Morgenstunden über die Leitstelle eine Alarmmeldung, die er sofort lauthals den erstaunten Umstehenden verkündet:

"Alarm im Friedhof Trier!"

Im Nachgang klärt sich, dass der Alarm beim hiesigen Juwelier *"Friedjof Frier"* auflief.

Der wegen seiner kulinarischen Vorliebe für die türkische Küche bekannte Kollege wird kurz und prägnant als „Dönergrab" bezeichnet.

Der typische Speckgürtel bei männlichen Individuen im fortgeschrittenen Alter wird von Kollegen gerne mit dem Euphemismus „Hüftgold" belegt.

Bei der Verbindungsstelle der deutschen Polizei zur US-Militärpolizei sollte ein englisch sprechender Straftäter zwecks weiterer Maßnahmen abgeholt werden. Der diensthabende deutsche Kollege übersetzte fließend und ausgiebig die Angaben des Mannes. Als die nun bestens instruierten Kollegen mit dem Mann alleine im Auto saßen und die bevorstehenden Maßnahmen absprachen, wandte sich dieser, sehr zu deren Erstaunen, in einem gepflegten Deutsch an die Beamten und fragte: *„ Und was machen wir nun zuerst? "*

Im Wartezimmer der Polizeiärztin hat der Kollege Platz genommen. Nach einiger Zeit ruft plötzlich die Ärztin im Sprechzimmer laut hörbar und in einem barschen Ton die Kurzform seines Vornamens „Alex". Dies wundert den Kollegen, der zum ersten Mal vorspricht und die Ärztin nicht persönlich kennt. Abermals ruft Frau Doktor „Alex". Dieses Mal aber etwas ungehaltener. Zögernd und etwas verunsichert betritt der Kollege das Sprechzimmer, nachdem er zuvor zaghaft angeklopft hat. Als er den Raum betritt, ruft Frau Doktor nochmals aufgebracht „Alex"! Dem Kollegen fällt ein Stein vom Herzen, weil sich nun klärt, wem die Zurufe gegolten hatten – nämlich dem Hund der Ärztin!

<u>Vorgesetzter zum Untergebenen:</u>

"Mensch, wenn Sie zu blöd sind, sich etwas zu merken, dann schreiben Sie es halt auf.
Ich mach´s doch genauso ..."

<u>Kooperativer Führungsstil?</u>

Die Kunst der Führung besteht darin, den Mitarbeiter so schnell über den Tisch zu ziehen, dass er die Reibungs-hitze als Nestwärme empfindet..

<u>Beurteilungskriterium?</u>

Zu allem fähig, aber zu nichts zu gebrauchen.

Nachdem das georderte Brathähnchen in der Wache eingetroffen ist, wird die frohe Kunde dem Auftraggeber über Funk mitgeteilt:

"The Eagle has landed!"

Am Ostersonntag fällt ein junger Mann auf, der eilig und gehetzt die Straße entlang läuft und dabei einen größeren, zylindrischen Gegenstand an den Körper gepresst hält. Es drängt sich dem unbefangenen Beobachter der Verdacht auf, bei dem Objekt könnte es sich um einen verbotenen Gegenstand nach dem Waffengesetz handeln. Der sichtlich verblüffte junge Mann klärt die Sache auf:

"Aber, das ist doch meine Weihkerze! Ich bin auf dem Weg zur Kirche."

Bei Gericht

Gerichtsverhandlung nach Widerstandshandlungen zum Nachteil eines Polizeibeamten.
Dem Beamten wurde u. a. ein Tritt in die Genitalien versetzt. Auf Frage der Richterin, ob gesundheitliche Schäden zurückgeblieben sind, antwortet dieser freimütig zur allgemeinen Erheiterung:

"Nein, es funktioniert wieder alles bestens."

Ein Angehöriger der Sinti wird wegen des Tatbestandes „Beleidigung zu seinem Nachteil" vom Richter angehört.
Er soll von dem Angeklagten als "Zigeuner" beleidigt worden sein. Als der Richter den Geschädigten eindringlich befragt, ob er auch die Wahrheit sage, entgegnet dieser entrüstet:

"Selbstverständlich Herr Vorsitzender. Darauf gebe ich Ihnen mein Zigeuner-Ehrenwort!"

Die Geschädigte in Sachen Körperverletzung wird in der Hauptverhandlung zu der Lage ihrer Wohnung in Beziehung zu der des Täters befragt. Hierauf antwortet sie beflissen:

"Unsere beiden Wohnungen liegen genau 40 Treppen weit auseinander ..."

Der Volljurist und ehemalige Anwalt gelangt wegen Trunkenheit am Steuer zur Anzeige. Er hatte zuvor alkoholisiert die Polizeiwache aufgesucht, um eine Sachbeschädigung anzuzeigen. Auf Frage des Richters, warum er angetrunken bei der Polizei vorstellig wurde, versuchte dieser zu erklären:

"Ich musste mir erst Mut antrinken, um eine Anzeige zu erstatten ..."

Ein Autofahrer fällt durch seine etwas unsichere Fahrweise auf. Dieser räumt dann tatsächlich ein, ausnahmsweise seine Brille vergessen zu haben. Zu einem improvisierten Sehtest wird eine Plakatwand herangezogen. Zunächst kann der Mann aus einiger Entfernung das Großgedruckte lesen. Der Test zieht sich aber in die Länge und schließlich muss der Proband passen, während der Beamte selbst die kleinsten Lettern scheinbar mühelos entziffern kann. Anschließend zollt sein Streifenpartner ihm Respekt und lobt seinen

Adlerblick.
Lapidare Antwort des Kollegen:

"War ganz einfach. Ich habe mir vorher den Text erst mal aus der Nähe eingeprägt ..."

Ein überfahrener Dachs soll nach seinem Ableben von der Landstraße entfernt werden. Der Kollege vor Ort fragt über Funk an, wer den Transport übernehme.
Da meldet sich trocken eine kollegiale Stimme am Funk:

"Mensch, mach´ langsam. Ich schmeiß´ den Grill an.."

Die Leitstelle gibt an den örtlich zuständigen Funkstreifenwagen folgenden Auftrag:

"Fahren Sie zur ... Straße, dort ist eine ca. 25jährige Frau nackt aufgetreten"

Nach Auftragsübernahme melden sich immer weitere Streifen auf der Anfahrt, was den Beamten der Leitstelle offenbar aus der Fassung geraten lässt:

"An alle Streifen. Drehen Sie sofort wieder in ihre Bereiche ab, sonst wird dies Konsequenzen haben!"

Zwei verdächtige Personen werden einer Kontrolle unterzogen. Die Durchsuchung der einen Person verläuft negativ. Als der zweite Beamte ebenfalls seine Kontrolle beendet hat, wird er von seinem Kollegen nach dem Ergebnis befragt. Seine Antwort:

"Meiner hat nur 3 Zimtstangen einstecken. Sonst nichts!"

Wie es sich herausstellt, handelt es sich bei den vermeintlichen Zimtstangen um Haschisch der Sorte brauner Afghane.

Ein noch sehr junger, unerfahrener Kollege wollte in Abwesenheit seines Streifenführers, und ohne dessen Kenntnis eine Anzeige wegen eines Verstoßes gegen das Betäubungsmittelgesetz zur Vorlage bringen. So kam es zu dem verwirrenden Umstand, dass der Dienstgruppenleiter plötzlich zwei identische Anzeigen zur Prüfung vorliegen hatte. Die eine stammte von dem eingangs erwähnten jungen Kollegen, die andere von seinem Streifenführer. Beide Verfasser gaben laut Aktenvermerk vor, das beschlagnahmte Rauschgift der Anzeige beigefügt zu haben. Bei der Öffnung des versiegelten Kuverts bestätigte sich dies bei dem älteren Kollegen. In dem Kuvert des jungen Kollegen befanden sich zunächst nicht näher bestimmbare, verdorrte Pflanzenteile. Erst nach einer eingehenden Überprüfung und Beratung im Kollegenkreis kam man zu der Feststellung, dass es sich bei dem vermeintlichen Beweismittel des jungen Kollegen um ein profanes Kerngehäuse eines Apfels handeln muss..

Zwei junge Kollegen wollen, offensichtlich unter dem Eindruck cineastischer Vorbilder, besonders gekonnt und lässig nach einer Fahrzeugkontrolle die erhobenen Dokumente zurückreichen. Beim Versuch, diese aus dem Fenster des Funkwagens hindurchzureichen, prallt die Hand des Kollegen gegen die halb geöffnete Scheibe. Durch den Aufprall entgleiten ihm die Papiere und fallen zu seinem Entsetzen in den Spalt, der das Fenster in der Tür aufnimmt. Dies hat zur Folge, dass die Kollegen eiligst die Wache aufsuchen und die gesamte Türverkleidung abmontieren müssen, um wieder an die Dokumente zu gelangen.

Auf der winterglatten Brückenfahrbahn kommt es zum Verkehrsunfall. Zur Unfallaufnahme werden die Papiere der Beteiligten erhoben. Als zuletzt Führerschein und Fahrzeugschein der Geschädigten mit ausgestrecktem Arm übergeben werden sollen, rutscht der Kollege aus und versucht mit wild wedelnden Armen vergeblich das

Gleichgewicht zu halten. Dabei wirft er unbeabsichtigt die Dokumente über das Brückengeländer. Rücklings auf dem Boden liegend kann er noch sehen, wie diese langsam in Richtung Fluss entschwinden. Dies ruft die sichtlich aufgebrachte Geschädigte auf den Plan, welche laut schimpfend Schadensersatz einfordert.

Der für seine unkonventionelle Art bekannte Amtsarzt wird an einem kalten Wintermorgen angefordert. Wie gewöhnlich kommt er mit dem Rad. Bei seinem Erscheinen starren die Kollegen fasziniert auf sein Haupt. Schließlich fasst sich ein Kollege ein Herz, deutet auf den Kopf des Medikus und fragt behutsam:

"Doc, was´ n das?"

Hierauf zerrt der Angesprochene an seinem prachtvollen, neuen Haarschopf und zieht eine voluminöse Damenperücke ab. Seine Erklärung:

"Mir war so kalt und ich konnte meine Mütze nicht finden. Da habe ich die Perücke meiner Frau aufgezogen!"

Ein anderes Mal wird der erwähnte Mediziner dabei gesichtet, wie er völlig selbstversunken alleine auf einem Tandem-Rad unterwegs ist.

Der Kollege ist mit dem Streifenwagen unterwegs. Dabei kommt ihm in der Einbahnstraße ein Radfahrer entgegen. Belehrend hält er dem Radfahrer den Sachverhalt vor, worauf dieser antwortet:

"Da haben Sie recht, aber ich fahre in die richtige Richtung!"

Kriminalpolizei über Schutzpolizei:

"Die von der Trachtengruppe ..."

Schutzpolizei über Kriminalpolizei:

"Die Hellseher ..."

Und da war noch der Kollege, der einer Gruppe von Kindern eine Freude bereiten wollte, indem er ihren Flugdrachen, der sich in den dürren Ästen eines unscheinbaren Baumes verfangen hatte, bergen wollte. Beherzt erklomm er das Bäumchen. Als er gerade den Drachen in Griffweite hatte, brach das Gewächs unter seinem Gewicht zusammen, wodurch der hilfsbereite Beamte mit seiner vollen Länge in eine Dornenhecke fiel. Unter lautem Gelächter nahmen die Kinder ihr Fluggerät wieder in Besitz und suchten das Weite.

Im Fernen Osten hatte ein Kollege seine Liebe gefunden, die er schließlich auch ehelichte.
Gemäß den landestypischen Gepflogenheiten war zuvor jedoch eine Entschädigung an die Brauteltern in Form einer stattlichen Anzahl von Ochsen und Ziegen zu entrichten. Diese Aufwendung wollte der findige Kollege beim deutschen Finanzamt als Sonderausgaben absetzen.

Aus leicht nachvollziehbaren Gründen wurde sein Ansinnen aber abschlägig beurteilt.

Am Ende eines langen Nachtdienstes verabschiedete sich ein Hilfspolizist. Als er dabei den Wachraum verlassen wollte, übersah er die geschlossene Ausgangstür mit der großzügigen Verglasung und prallte ungebremst mit einem lauten Schlag gegen die Scheibe. Nachdem das beeindruckende Beben der Scheibe und die folgende Schrecksekunde verklungen waren, drehte sich der Mann zu den Kollegen um, und schaute völlig entgeistert durch seine arg ramponierte Brille in die Runde.

Bei der Suche nach einer vermissten Person werden sämtliche möglichen Hinwendungsorte überprüft. So auch Feldwege, die aufgrund des regnerischen Wetters kaum befahrbar sind. Schließlich kommt es, wie es kommen musste: Der Streifenwagen bleibt im Morast stecken.
Eine hilfsbereite Anwohnerin bietet sogleich an, ihre Türmatten als Anfahrtshilfe zur Verfügung zu stellen. Nach anfänglicher Skepsis nehmen die Beamten aber das Angebot dankend an. Die Matten werden fachmännisch unter den Hinterrädern positioniert. Nach einem beherzten Tritt auf das Gaspedal sieht man die Türmatten simultan als fliegende Teppiche in den Luftraum entschwinden. Natürlich machten sich die Beamten auf die Suche nach den „Anfahrtshilfen" und konnten diese der Spenderin - in einem leicht modifizierten Zustand - wieder übergeben.

In den frühen Morgenstunden wird die Funkstreife wegen Streitigkeiten angefordert. Es sollen laute, undefinierbare Rufe einer Frau wahrgenommen worden sein. Bei dem betreffenden Anwesen angekommen, erblicken die

Beamten auf dem Gehweg einen länglichen, fleischfarbenen Gegenstand. Bei näherer Betrachtung stellt sich das *corpus delicti* als ein Dildo im XL-Format heraus. Eine Nachfrage bei Nachbarn führt auf die Spur zu einem jungen Paar. Auf Klingeln öffnet der männliche Part splitterfasernackt. Ihm wird der Grund des Einschreitens eröffnet. Die Beamten erklären ihm weiter, man mache sich Sorgen um seine Gefährtin. Hierauf klärt eine weibliche Stimme aus dem Hintergrund den Vorfall auf:

"Der hat mich so mit dem Ding genervt, dass ich es aus dem Fenster geworfen hab!"

Tierfreunde

Eine besorgte Tierfreundin ruft auf der Wache an. Sie habe einen großen, exotischen Vogel auf einem Feldgrundstück beobachtet, der ganz sicher verletzt sein müsse, weil er sich keinen Zentimeter von seinem Platz weg bewege. Es folgt eine farbenfrohe, kreative Beschreibung des Tieres, die an einen Exoten glauben lässt. Die beschriebene Örtlichkeit ist nur zu Fuß zugänglich. Tapfer stapfen die Kollegen ausdauernd durch den matschigen Untergrund und nehmen es in Kauf, dass ihre Schuhe und Uniformen in Mitleidenschaft gezogen werden. Schließlich kann der vorgebliche Exote angetroffen werden, bei dem es sich aber zweifelsfrei um einen heimischen Graureiher (lat. Ardea cinerea) in Lauerstellung handelt.

Eine weitere Anruferin schildert völlig alarmiert, dass die tropischen Tiere, welche in der Fußgängerzone durch Zirkusmitarbeiter ausgestellt werden, um Passanten zu Futterspenden fürs Winterlager zu bewegen, an dem kalten Wintertag deutlich erkennbar unter der Kälte zu leiden hätten. Eine Nachschau ergab, dass es sich bei den *tropischen* Tieren um Lamas handelt, deren Heimatland die unwirtlichen Anden sind. Demnach sind die Tiere bestens an kalte Witterungen angepasst. Mit dieser Auskunft konnte die besorgte Frau beruhigt werden.

Ein anderes Mal rief ein besorgter Passant an und teilte mit, er habe auf einem Kinderspielplatz im Innenstadtbereich einen Vogel auf dem Boden sitzen sehen, der offensichtlich großen Durst habe... Auf die Frage, wie er denn zu dieser Einschätzung komme, gab der Mann schlüssig an, das Tier habe den Schnabel weit aufgerissen! Sein Zustand müsse demnach kritisch sein. Der Anrufer wurde gebeten, dem Tier etwas Wasser bis zum Eintreffen der Kollegen zu verabreichen, was dieser wie folgt kommentierte: „Ich habe keine Zeit. Das ist ja wohl Ihre Aufgabe!"

Zu einem besonders delikaten Einsatz kam es nach einem Streit zwischen zwei Männern, die in einer sogenannten „Eingetragenen Lebenspartnerschaft" lebten. Der Streit drohte in Gewalttätigkeiten auszuarten, konnte aber schließlich mit viel Fingerspitzengefühl seitens der Beamten beigelegt werden. Ursache des Streites waren Trennungsabsichten des einen Partners. Nach dem Trennungsgrund befragt gab dieser folgende Antwort:

„Mein Mann ist mir einfach zu tuntig!"

Zur Hauptverkehrszeit in der City einer Großstadt müssen die Kollegen während der Streifenfahrt auf einer der größeren Ausfallstraßen plötzlich abbremsen, weil quer über die Straße ein rot-weißes Absperrband aufgezogen ist, wodurch es zum Totalausfall dieser Verkehrsverbindung und entsprechendem Rückstau kommt.

Hinter der Absperrung steht mitten auf der Fahrbahn ein Lkw, aus welchem der Fahrer in aller Seelenruhe beständig seine Ware auslädt und in einem unmittelbar benachbarten Geschäft verstaut.

Der Mann wurde sofort zur Rede gestellt und aufgefordert, die Straße unverzüglich wieder freizugeben.

Seine Reaktion: *„ Was wollt Ihr? Irgendwo muss ich halt ausladen!"*

Eines Abends sollte ein Gefangener in den Zentralgewahrsam im Polizeipräsidium eingeliefert werden. Hierzu mussten die Beamten über ein automatisches Hoftor in den abgesicherten Innenhof fahren. Von hier aus gelangt man zum Gewahrsamsgebäude. Dort stand allerdings unüblicherweise die schwere, mit Gittern versehene Eingangstür offen. Aus dem Innenraum waren laute und wütende Stimmen zu vernehmen. Unter Berücksichtigung der Eigensicherungsgrundsätze schlichen die Kollegen vorsichtig an den Ursprungsort der Stimmen. Diese drangen ganz eindeutig aus einer Gefängniszelle, bei welcher die Tür offen stand. Endlich konnten die Beamten einen Blick in die Zelle werfen. Dort bot sich ihnen ein unerwarteter Anblick: In der Zelle saßen mit dem diensthabenden Wachbeamten zwei Gefangene in geselliger Runde zusammen und spielten Karten. Für Speisen und Getränke war auch gesorgt. Getränkebecher und Snacks waren auf einem herbeigeschafften kleinen

Tisch aufgebaut. Der Grund für die wütende Zurufe war schnell erfasst. Der Wachhabende war offenbar über sein mangelndes Spielglück erbost und stritt sich deshalb lauthals mit seinen Mitspielern.

Aufgrund eines ernst zu nehmenden Hinweises aus dem Bekanntenkreis einer Familie wird diese wegen des Verdachts auf Kindesmisshandlung aufgesucht.

Bis auf ein Kleinkind können alle Kinder in Augenschein genommen werden. Verdachtsmomente ergeben sich glücklicherweise keine. Der Vater erklärt sich damit einverstanden, dass sein Kleinkind ebenfalls begutachtet werden soll.

Der kleine Junge ist wohlauf und streckt nach Erkennen der Beamten sofort freudig seine Ärmchen aus, um von ihnen aus dem Bettchen gehoben zu werden.

Auch hier bestätigen sich die schlimmen Vermutungen nicht.

Als die Kollegen wieder in der Dienststelle sind, wird ihnen ein Telefonat des Vaters durchgestellt. Dieser schildert wütend, dass der Kleine nun wach liege und ständig beschäftigt werden wolle. Da nach seiner Meinung die Polizeibeamten den Kleinen aufgeweckt hätten, sollten sie nun sich gefälligst wieder einfinden und den Jungen in den Schlaf bringen ...

Bei einem Einsatz in einer völlig verwahrlosten Messie-Wohnung müssen die Beamten durch kniehohen Müll waten.

Einer der eingesetzten Kollegen ist dafür bekannt, dass er normalerweise sein Haupt peinlich genau frei von störendem Haarwuchs hält.

Als dieser im Türrahmen zum vermutlichen Schlafzimmer steht, scheinen ihm wundersamerweise vereinzelte schwarze Locken gesprossen zu sein, die im außerordentlich gutstehen.

Nachdem er auf das Wunder aufmerksam gemacht wurde, wischte er mit wilden Gesten die vermeintlichen Locken von der Kalotte. Die profane Erklärung des Haarwuchses:

Es handelte sich um ein Geflecht von Spinnweben, an denen sich bereits eine beachtliche Menge Schmutz angetragen hatte.

Nach einem längeren Krankenhausaufenthalt stellte eine

ältere Dame angeblich fest, dass ihre Sparbücher in der Zwischenzeit entwendet worden waren.

Eine Überprüfung bei dem Geldinstitut der Frau ergab, dass diese tatsächlich über größere Geldmittel verfügt.

Hierauf wurde mit ihrem Einverständnis eine Suche nach den Sparbüchern in ihrer Wohnung abgehalten. Dabei konnten diese zwischen den Seiten eines Buches aufgefunden werden. Eine Straftat lag demzufolge nicht vor.

Bei der Suche fanden sich überall in der Wohnung Geldverstecke. In Büchern, im Nachttisch und unter der Matratze wurde eine größere Anzahl von Geldbündeln aufgefunden, was die Dame zu der Frage veranlasste, ob den Beamten das Geld gehöre. Diese Vermutung war eindeutig auszuschließen!

Der Dame wurde angeraten, das Bargeld auf ihr Konto einzuzahlen.

Ein junger Autofahrer fiel durch seine unsichere Fahrweise auf. Bei der folgenden Personen- und Fahrzeugkontrolle wurde dem Fahrer ein Alkoholtest angeboten.
Mehrfach scheiterten die Versuche ein gültiges

Messergebnis zu erzielen ohne ersichtlichen Grund. Auffällig war allerdings, dass während des Tests der junge Mann irgendetwas im Mund hin- und herzuschieben schien. Dies zeichnete sich an seinen Wangen ab.

Als er hierauf angesprochen wurde, gab er an, er könne den Alkoholtest nicht durchführen, weil seine deutlich ausgeprägten Lippen dies nicht zuließen. Aus lauter Verzweiflung über die misslungenen Bemühungen hatte der junge Mann das Mundstück des Testgeräts mit den Zähnen in seine Bestandteile zerlegt und im Mund herumgeschoben.

Sonntag morgens gehen mehrere alarmierende Anrufe auf der Dienststelle ein. Ein Mann würde mit einem großen Hammer einen Pkw zertrümmern, der in der Fußgängerzone abgestellt sei.

Beim Eintreffen bietet sich den Beamten folgender Anblick:

Ein Farbiger von hünenhafter Statur schlägt mit wuchtigen Schlägen mit einem Vorschlaghammer auf einen VW-Käfer ein. Das Fahrzeug war schon erheblich beschädigt. Die Scheiben waren zertrümmert und die

Karosserie mit tiefen Dellen übersät.

Mithilfe der herbeigerufenen Verstärkung konnte dem Mann endlich der Hammer entwunden werden.

Bei seiner Festnahme gab dieser an, es handele sich um seinen Pkw. Letzte Nacht sei ihm durch die Polizei wegen Alkohols am Steuer der Führerschein entzogen worden. Ohne Führerschein brauche er auch keinen Pkw mehr. Deshalb habe er seinen VW-Käfer zu Schrott verarbeiten wollen.

Eine Überprüfung bestätigte die Angaben des Mannes. Wegen der entstandenen Ordnungsstörung handelte sich dieser aber dennoch eine Anzeige ein.

Ein dunkelhäutiger Ghanaer sollte wegen seines verdächtigen Verhaltens einer Kontrolle unterzogen werden. Obwohl ihm ausführlich der Kontrollgrund erläutert wurde, steigerte sich der Mann zusehends in Rage. Die Kontrolle sei nur erfolgt, weil er Ausländer sei, argwöhnte er. Der Mann konnte einfach nicht beruhigt werden. Seine Wut gipfelte schließlich darin, dass er laut schimpfend die Brieftasche auf den Boden knallte, wobei sich deren Inhalt auf dem Gehweg verteilte.

Mittlerweile wurde eine andere Person dabei beobachtet,

wie sie bei Erkennen der Polizeibeamten plötzlich die Laufrichtung änderte und sich entfernen wollte. Der Mann konnte eingeholt werden. Wie eine spätere Überprüfung ergab, war er wegen verschiedener Delikte zur Festnahme ausgeschrieben.

Unser Mann aus Ghana hatte die zweite Kontrolle mit großem Interesse verfolgt. Mit einem zufriedenen Gesichtsausdruck sammelte er seine verstreuten Dokumente wieder ein und übergab sie mit einem breiten Lächeln den Polizeibeamten.

Offensichtlich war ihm klar geworden, dass die Polizeikontrolle nichts mit seiner Herkunft zu tun hatte.

Im Rahmen eines Betriebsausfluges wurde die Frankfurter Niederlassung eines großen deutschen Automobil-herstellers besucht. Die Lobby des Empfangsgebäudes war mit glänzenden, blauen Bodenfliesen ausgelegt.

Gemütlich schlendernd erkundete ein Kollege das Interieur. Im nächsten Moment ging ein Ruck durch seinen Körper. Mit einem erstaunten Blick musste er erkennen, dass er in einen künstlich angelegten Bach getreten war, der in seinem blau gefliesten Bett durch die Lobby floss.

Trotz durchnässter Schuhe und dem Gelächter der Umstehenden bewahrte er Haltung und stellte sich wieder an der Besucherschlange an, als ob nichts geschehen wäre.

Im Kollegenkreis wurde über die verschiedensten Themen philosophiert. Dabei wurden auch Betrachtungen über das Verhältnis von Masse zu Oberfläche bei Lebewesen angestellt. Dies führte zu der Erkenntnis, dass die Oberfläche einer Maus in Relation zu ihrer Masse größer ist als die eines Elefanten.

In andächtigem Schweigen versunken reflektierte ein Kollege über diese Feststellung.

Endlich gab er sich einen Ruck und hakte nach: *„aber nur in Relation, oder?"*

Im Nachtdienst fuhren mein Streifenpartner und ich an einem Lokal vorbei, von dem bekannt war, dass im Umfeld Handel mit Rauschgift betrieben wird. Im Eingangsbereich hielten sich zwei Männer auf, welche die

Umgebung ständig beobachteten. Als die Personen den Streifenwagen wahrnahmen, wurde einer der Männer ganz unruhig, während der andere gelassen blieb.

Die Männer standen mit dem Rücken gegen die Wand gelehnt. Als wir in Höhe der Personen kamen, versuchte der Ängstliche der beiden verkrampft etwas wegzuwerfen. Wir sahen im Zeitlupentempo eine silberne Kugel auf uns zu fliegen, die mit einem dumpfen Schlag auf dem vorderen Kotflügel auftraf. Im nächsten Moment drehte sich sein Begleiter zur Seite und begann lauthals zu lachen. Bei einer Nachschau konnten wir feststellen, dass es sich bei dem Wurfgeschoss um eine nicht unerhebliche Menge Haschisch handelte, welches in Alufolie eingewickelt war.

Nach einem Ladendiebstahl sollten die Personalien des Täters festgestellt werden. Dieser gab vor, seine Ausweise Zuhause abgelegt zu haben. Als die Beamten mit ihm die Wohnung betraten, sahen sie, dass sein Bruder sich am Wohnzimmertisch niedergelassen hatte, und im Deckel eines Schuhkartons mit einer gewissen Akribie eine beachtliche Menge Marihuana portionierte.

Auf die Nachfrage, ob es sich bei seiner Heimarbeit um Rauschgift handele, gab dies der Mann seelenruhig zu. Nach einem kurzen „Na und?", setzte er seine Tätigkeit fort. Die verdutzten Beamten versuchten dem Mann klar zu machen, dass dies in Deutschland nicht erlaubt sei. Hierauf erwiderte dieser: *„Gestern kam es in den Nachrichten, dass es erlaubt ist, weiche Drogen zu besitzen."* Ganz offensichtlich hatte der junge Mann die Nachrichten falsch interpretiert. Berichtet wurde nämlich lediglich, dass die Staatsanwaltschaften bei weichen Drogen und geringfügigen Mengen von ihrem Recht, die Verfahren einzustellen, häufiger Gebrauch machen können. Nachdem ihm dämmerte, welche Konsequenzen sein freimütiges Verhalten zeitigen wird, blieb er nicht untätig und versuchte das Rauschgift aus dem Fenster zu werfen. Gerade noch rechtzeitig konnte dies unterbunden werden. Das Rauschgift wurde beschlagnahmt und der Mann bekam eine Strafanzeige.

Bei der Unfallaufnahme behauptete der Verursacher steif und fest, er sei bei Grünlicht an der für ihn maßgeblichen Ampel in die Kreuzung eingefahren. Der Fahrer des anderen Pkw müsse demnach bei Rotlicht losgefahren sein. Stutzig machte die Beamten der Umstand, dass an der betreffenden Kreuzung überhaupt keine Ampeln installiert sind. Als dem Unfallverursacher dieser Sachverhalt erläutert wurde, fiel dieser aus allen Wolken. Wie sich herausstellte, waren eine Kreuzung zuvor tatsächlich Ampeln vorhanden. Dies hatte der Mann offensichtlich noch im Unterbewusstsein gespeichert.

Ein wohl etwas unhöflicher junger Mann betritt den Wachraum. Als er den Kollegen erblickt, der ihn nach seinem Anliegen befragen will, ruft er laut und fast begeistert aus: *„Sie sind ja ein typischer Pykniker!"* Hierauf erwidert der Kollege sichtlich erbost: *„Wenn Sie nochmals zu mir Picknicker sagen, ist aber was los!"*

Unterhalten sich zwei Kollegen über die Briefzustellung und ihre spezifischen Besonderheiten. Dabei behauptet der eine: *„Neulich habe ich auch posthum einen Brief bekommen."*

Auf Streifenfahrt werden zwei Jugendliche kontrolliert. Einer der Jugendlichen trägt eine Armbanduhr eines namhaften Herstellers. Befragt, ob es sich hierbei um eine Replika handelt, antwortet er mit unverhohlenem Stolz:

„Die Uhr ist ein echtes Unikum. Das können Sie mir glauben Herr Wachtmeister!"

Die Funkleitstelle beschwerte sich über eine Häufung von

missbräuchlichen Anrufen von einer bestimmten Notrufsäule aus. Offensichtlich waren dabei Kinder am Werk, die immer wieder in Verkennung der zutreffenden Vokabel, aber dafür mit wilder Entschlossenheit *„Mixer, Du bist ein Mixer!"* in die Sprechanlage riefen. An der Säule konnten die Kinder tatsächlich angetroffen werden. Nach einer eingehenden Belehrung wurden sie ihren Eltern überstellt. Auf die Richtigstellung des irrtümlich benutzten Wortes wurde aber verzichtet.

Auf den Streifenwagen sind Displays installiert, über die Standardanweisungen, wie "Stopp Polizei" und andere als Laufschriften zur Information des Verkehrsteilnehmers angezeigt werden können.

Während der Streifenfahrt wird auffällig, dass ein dunkler Pkw seit einiger Zeit uns in kurzem Abstand hinterher fährt. Zur genaueren Überprüfung dieses Umstandes biegen wir mehrfach in kleine Seitenstraßen ab und tatsächlich: Der Pkw bleibt uns auf den Fersen! Diese Unverschämtheit gilt es nun zu klären. Der Pkw soll einer Kontrolle unterzogen werden. Beim Aussteigen fällt unser Blick auf das Display. Zu unserem Entsetzen zeigt die Laufschrift -wohl noch von der letzten Kontrolle- ein hektisches *„Polizei. Bitte Folgen!"* an.
Somit war das ungewöhnliche Verhalten des Pkw

schlagartig geklärt.

An einem grauen Wintermorgen ergeht die Anweisung, einen betagten VW-Bus wegen diverser Schäden zur Polizeiwerkstatt zu verbringen. Auf der Anfahrt fallen dichte, weiße Wolken hinter dem Fahrzeug auf. Der Fahrer führt diese aber redegewandt auf das Wetterphänomen Nebel zurück. Verwunderlich ist aber, dass der Nebel sich mittlerweile nur noch hinter dem VW-Bus hält und der nachfolgende Verkehr gebührenden Abstand einnimmt. Doch die Theorie der Nebelbildung ist zu überzeugend, als dass andere Ursachen in Betracht gezogen werden. Erst als der Motor in Flammen aufgeht und ausbrennt, kann als bewiesen gelten, dass die beste Theorie nichts taugt, wenn sie nicht die Realität beschreibt...

Unser Chef geriet bei der Schilderung der Funktionen seines brandneuen Hörgeräts ins Schwärmen. Besonders die Lautstärkeregelung über eine Funkfernsteuerung hatte es ihm angetan: „Da kann ich das Hörgerät abschalten, wenn die Kollegen wieder wegen ihren ausstehenden Beförderungen jammern.."

Der technische Mitarbeiter, welcher für die Wartung und Instandhaltung aller technischen Geräte auf dem Revier zuständig ist, ließ es sich wieder mal nicht nehmen, anlässlich der Anschaffung von Dieselfahrzeugen eindringlich darauf hinzuweisen, dass der richtige Kraftstoff zu verwenden sei. Bei einem durch einen Tankfehler entstandenen Motorschaden werde eine Regressforderung rigoros durchgesetzt.

Kurze Zeit später sickerte durch, dass eben dieser Kollege den Tank eines Dieselfahrzeugs versehentlich mit Superbenzin komplett auffüllte. Dies trug ihm den Spitznamen „Super Ingo" ein.

Ein Kollege war nach einem Türkei-Urlaub voll des Lobes über Land und Leute. Sogar einige türkische Vokabeln hatte er erlernt, wie z.B. „Günaydin - Guten Morgen". So ergab es sich, dass ein Haftbefehl gegen einen türkischen Mitbürger zu vollstrecken war. Nach kurzem Klingeln öffnete der Mann die Wohnungstür und wurde durch den Kollegen mit einem herzlich gemeinten *„Günaydin, Sie sind festgenommen!* begrüßt.

In der vorangegangenen Nacht hatte ein Kollege kaum ein

Auge zutun können. Im Frühdienst war er sichtlich gerädert und begann sehr zum Missfallen seines Streifenpartners einzudösen. Als er wieder zu sich kam, stand er mit dem Streifenwagen direkt an einer belebten Straßenkreuzung, während sein Kollege mit der Aufnahme eines Verkehrsunfalles beschäftigt war.

Der als zerstreut geltende Kollege war dafür bekannt, dass er unter anderem auch gerne seinen Schlüsselbund verlegte. Um seine Schlüssel leichter wieder aufzufinden, befestigte er daran einen Fuchsschwanz von beachtlicher Größe. Dadurch fühlten sich seine Mitkollegen anscheinend provoziert, ihm Streiche zu spielen. So wurden z.B. die wechselnden Fuchsschwänze an dem Deckenventilator angebracht, in der Mikrowelle aufgearbeitet, oder festgenagelt, sodass sie beim Aufnehmen ziemlich viel Haare lassen mussten.

Eben dieser Kollege trug eine Brille mit starken Gläsern, die seine Augen deutlich vergrößert erscheinen ließen. Nach dem Nachtdienst nahm er die Brille ab und rieb sich die müden Augen. Als er ohne Brille wieder in die Runde blickte, rief ein Kollege bestürzt aus: *„Mensch, zieh´ die Brille wieder auf, sonst bekomme ich Albträume!"*

Zu Beginn des Nachtdienstes wurde auf der Wache ein niedlicher Mischlingshund abgegeben, der einer Passantin zugelaufen war. Da sein Herrchen/Frauchen nicht zu ermitteln war, sollte er zunächst im Tierheim untergebracht werden. Gesagt – getan. Beim Tierheim angelangt musste noch auf die Kollegen des örtlich zuständigen Polizeireviers gewartet werden, die den Schlüssel für die Tierboxen vorbei bringen sollten. Die Wartezeit nutzte der Kollege, um im Schein der einzigen Straßenlaterne weit und breit am Feldrand einem menschlichen Bedürfnis nachzukommen. Hierbei erleichterte er sich völlig zwanglos und lautstark in mehrfacher Hinsicht, was unseren Fundhund offensichtlich so stark beeindruckte, dass das Tier am Boden kauernd fasziniert seinen Blick nicht mehr von dem vermeintlichen Alphatier abwenden konnte.

Während einer nächtlichen Streifenfahrt wurde auf der Fahrbahn ein angefahrenes Kaninchen in noch nicht adultem Alter festgestellt. Bei einer anschließenden Betrachtung schien klar zu sein, dass das arme Wesen von seinem Leid erlöst werden musste. Nach einem Blick in die großen Augen des possierlichen Tieres brachten es die Kollegen allerdings nicht übers Herz, den Entschluss in die Tat umzusetzen. Nach einer sachlichen Abwägung aller Umstände blieb es dabei: Der Gnadenakt war zu gewähren! Aber allein der Gedanke daran ließ ein flaues Gefühl in der Magengegend aufkommen, welches sich zusehends ausbreitete. Der rettende Einfall: Eine andere Funkstreife wurde um Unterstützung gebeten. Die Kollegen würden hoffentlich weniger Skrupel verspüren. Nachdem ein Stein fast hörbar vom Herzen fiel, sollte das Kaninchen nochmals eingehend begutachtet werden. Mittlerweile hatte dieses aber wohl eine Spontanheilung erfahren und sich im nahen Gestrüpp vor dem anstehenden Akt der Nächstenliebe in Sicherheit gebracht.

Bei einer Kontrolle wird die betreffende Person auch zu ihrem Bruder befragt, der evtl. als Beteiligter bei einer Familienstreitigkeit infrage kommt. Während der Vorname des Bruders dem jungen Mann noch flüssig von den Lippen kommt, gerät er bzgl. dessen Geburtsdatum ins Stocken. Die Kollegen versuchen ihm durch verschiedene Mnemotechniken auf die Sprünge zu helfen, was schließlich fruchtet. Selbstbewusst antwortet er endlich: „Er ist ein Zwilling!" Blitzschnell folgern die Beamten, dass das Tierkreiszeichen gemeint ist. Dies verneint der Befragte jedoch und stellt klar: „Nein, er ist mein Zwillingsbruder."

Es wird ein lautstarker Streit in einem Mehrfamilienhaus gemeldet. Im Treppenhaus verteilen sich auf den Stufen diverse Damenbekleidung, Pumps und eine Afro-Perücke bis vor eine offenstehende Wohnungstür. In der Wohnung wälzen sich zwei Männer im Flur. Die Kontrahenten können voneinander getrennt werden. Beide werden zunächst festgehalten und einer körperlichen Durchsuchung u.a. nach Waffen unterzogen. Bei der Leibesvisitation des Dunkelhäutigen tastet der Beamte mit einem markanten Griff die einzelnen Körperpartien ab und prallt im Brustbereich weich zurück. Irritiert wird die Durchsuchung nochmals gestartet und führt zu dem gleichen, unerklärlichen Ergebnis. Nachdem sich die Wogen geglättet haben, klärt der Dunkelhäutige auf, er fühle sich als Frau und nenne einen stattlichen Busen sein eigen. Als Beweis sammelt er seine Accessoires von der Treppe auf und arrangierte diese so geschickt, dass im Anschluss eine dunkelhäutige Schöne vor den erstaunten Beamten steht. Dieser Umstand war seinem Widersacher zum Verhängnis geworden, der die vorgebliche Schöne mit nach Hause nahm und in der Hitze der Leidenschaft einen unerwarteten Widerstand verspürte.

Völlig aufgelöst und mit deutlichen Blessuren sucht ein durchaus gestandener Mann Zuflucht auf der Wache und bittet die Beamten um Schutz vor seiner Ehefrau. Ungläubig hören diese der Schilderung des Mannes zu, wonach er wiederholt von seiner Frau misshandelt werde.

Als die Frau des Opfers Zuhause angetroffen wird, klingt die Geschichte plötzlich plausibel. Bei der Frau handelt es sich um eine austrainierte Kraftsportlerin mit ansehnlichen Muskelbergen. Dies schützt sie jedoch nicht vor einer Anzeige. Zudem musste sie nach einer eindringlichen Belehrung die Wohnung bis auf Weiteres verlassen.

Bei einer größeren Schlägerei zweier Landfahrerfamilien sollten die beiden Parteien voneinander getrennt werden, wobei ein Kollege unbeabsichtigt zwischen die Fronten geriet. In der Folge wurde dieser von einem der Kontrahenten gewürgt. Ein weiterer Beamter wollte mit dem Einsatz des Gummiknüppels seinem bedrängten Kollegen zur Hilfe eilen, traf diesen aber mit mehreren wuchtigen Schlägen versehentlich an beiden Händen. Zuguterletzt verspürte der derart malträtierte Beamte einen kalten Luftzug am linken Arm, der von dem fehlenden Jackenärmel herrührte, welchen der eingesetzte Diensthund mit einem Biss ihm weggerissen hatte.

Wie verschiedene Frauen einheitlich berichteten, hatten sie auf dem Gitter des Wartungsschachtes einer Brücke wiederholt Geldstücke aufgefunden. Als sich eine der

Frauen nach der Münze bückte, nahm sie ein Augenpaar unterhalb des Gitters wahr. Die Brückenköpfe wurden hierauf an beiden Seiten gesperrt. Über einen Steg unter der Brücke gelangten die Beamten zu dem betreffenden Wartungsschacht. Dort fanden sie einen Mann vor, der die Taschen voller Münzen hatte und offensichtlich das Geld auslegte, um einen Blick auf die sommerlich leicht gekleideten Frauen zu erhaschen, wenn sich diese danach bückten. Eine Strafanzeige führte vermutlich zu einer Sinnesänderung, da die Person hiernach nicht mehr polizeilich in Erscheinung trat.

Mehrere Passanten beschwerten sich über eine Bettlerin in der Fußgängerzone. Die Frau wurde hiernach einer Kontrolle unterzogen. Ihr wurde erklärt, dass das Betteln nach der Stadtverordnung nicht zulässig ist.
Radebrechend wollte die Frau erklären, warum sie betteln müsse. Plötzlich brachte sie ihren Kopf dicht vor das Gesicht des Beamten und wickelte geschwind ihr Kopftuch ab, worauf ein ansehnliches Geschwür direkt vor dessen Nase zum Vorschein kam.

Laut einer Verfügung des Gesundheitsamtes war der Affe

eines Leierkastenspielers einer veterinärärztlichen Untersuchung zuzuführen. Das Tier hatte einen Passanten gebissen. Durch die Maßnahme sollte sein Gesundheitszustand abgeklärt werden. Der Leierkastenspieler konnte in der Fußgängerzone in einer Menschenmenge angetroffen werden. Ihm wurde die Verfügung eröffnet. Bei einer Weigerung war die Beschlagnahme des Affen angeordnet. Das Tier, das eine Pagenuniform trug (!), war erkennbar ein Sympathieträger, da die Zuschauer bereits ihren Unmut über das polizeiliche Einschreiten bekundeten.

Glücklicherweise zeigte der Tierhalter Einsicht und sicherte zu, den Affen untersuchen zu lassen. So blieb uns die „Verhaftung" des Affen in seinem Outfit erspart ...

Folgender Dialog ergab sich bei einem Telefonat eines Kollegen mit der Staatsanwaltschaft:

„Staatsanwaltschaft, Frau Freitag*, guten Tag!

Hier Montag* von der Polizei. Ebenfalls einen guten Tag!"

Nach einer kurzen Pause, die wohl zum Atemholen diente, echauffierte sich die Staatsanwältin so heftig, da sie anscheinend davon ausging, der Anrufer wolle sich auf ihre Kosten einen Spaß erlauben, sodass der arme Kollege nicht mehr zu Wort kam, um das Missverständnis zu klären.

(* Namen sinngem. geändert)

Der Leitstelle wurden Hilferufe einer älteren Frau aus deren Wohnung gemeldet. Zusammen mit der Feuerwehr wurde die Wohnungstür geöffnet, um der Frau zu Hilfe zu eilen. Als die Beamten ins Schlafzimmer stürmten, fanden sie diese im Bett liegend vor. Bei Erkennen der Helfer rief die Frau abermals laut um Hilfe: *„Hilfe, Hilfe - ich schwitze!"*

Wie sich herausstellte, hatte der häusliche Pflegedienst ihr zuvor einen Besuch abgestattet und der armen Frau trotz hochsommerlichen Temperaturen fürsorglich die Bettdecke bis zum Kinn hochgezogen.

Die Grundausbildung bei der Bereitschaftspolizei schloss seinerzeit den Erwerb des Führerscheins für Pkw mit ein. Im Zuge der Fahrausbildung sollte das Anfahren am Berg geübt werden. Der Autor wurde angewiesen, in zweiter

Reihe auf einer abschüssigen Strecke das Fahrmanöver ausführen. Gespannt verfolgten die Mitfahrer - der Fahrlehrer und zwei weitere Kollegen - die einzelnen Aktionen. Konzentriert legte ich den ersten Gang ein, gab gefühlvoll Gas und ließ die Kupplung langsam kommen, während ich die Handbremse gleichzeitig nach und nach löste. Autor und Fahrzeuginsassen starrten gebannt nach vorne. Als ich die Handbremse vollends löste und ein letztes Mal kraftvoll aufs Gaspedal trat, schoss der Pkw wider Erwarten und zum Entsetzen aller Beteiligten mit beachtlicher Geschwindigkeit rückwärts den Hang hinunter. Mit einer Vollbremsung konnte das Dienst-Kfz gerade noch zum Stehen gebracht werden, ohne dass Schaden entstand.

Was war passiert? Bei dem betreffenden Fahrzeugmodell lagen vom Schaltschema her gesehen der 1. Gang und der Rückwärtsgang in der gleichen Richtung. Der Rückwärtsgang konnte jedoch nur durch ein vorheriges seitlichen Drücken eingelegt werden.

Unter der Stresssituation hatte ich wohl dem Schalthebel etwas zu viel Kraft angedeihen lassen.

Über die Leitstelle wurden wir wegen Streitigkeiten zu

einem Lackierbetrieb beordert. Über die Qualität der Lackierarbeiten und der Höhe der Rechnung war es zwischen einem Kunden und dem Betreiber des Betriebs zu heftigen verbalen Streitigkeiten gekommen. Obwohl wir alle psychologischen Register zogen, um den Streit beizulegen, eskalierte dieser zusehends. Die Beteiligten waren nicht mehr zugänglich. Nicht zuletzt aufgrund des südländischen Temperaments des Firmeninhabers. Beide Kontrahenten hatten bereits hochrote Köpfe und schrien sich in zunehmender Lautstärke an. Urplötzlich stellte der Südländer abrupt sein Geschrei ein, drehte sich auf der Stelle um und griff blitzschnell nach einem massiven Hammer. Noch ehe wir eingreifen konnten, hämmerte der brave Handwerker wie von Sinnen auf die Karosserie des Kundenfahrzeugs ein.

Nachdem das Fahrzeug über und über mit tiefen Dellen verziert war, ließ er ab und betrachtete sein Werk offenbar mit Genugtuung. *„So, jetzt hast Du Grund unzufrieden mit meiner Arbeit sein"*, entgegnete er dem verblüfften Kunden.

Nachdem er sich wie geschildert abreagiert hatte, war der Mann wie ausgewechselt. Im sachlichen Ton eines Geschäftsmannes versprach er dem Kunden, den entstandenen Schaden auf eigene Kosten zu reparieren.

Im Hochsommer sollte ein junger Mann mit einer beachtlichen Rastafari-Frisur einer Kontrolle unterzogen werden, da er sich bei Erblicken der Polizei plötzlich aus dem Staub machen wollte. Er konnte aber gerade noch eingeholt werden. Bei einer Befragung wurde er zusehends aggressiver. Völlig unerwartet begann er, mit dem kontrollierenden Kollegen zu ringen. Durch den schweißnassen Oberkörper der Person gelang es einfach nicht, diese festzuhalten. Letzte Möglichkeit schein es, den Mann in den Schwitzkasten zu nehmen. Im Haltegriff war zunächst lediglich dessen ölig glänzende Lockenpracht zu sehen. Offensichtlich hatte der Mann seinem Haar eine tüchtige Portion Pomade angedeihen lassen. Im nächsten Moment fluppte dessen Kopf unter der Achsel des Kollegen hindurch und hinterließ auf dessen Diensthemd einen riesigen Fettfleck. Die Schrecksekunde ausnutzend, suchte der Mann schnellen Fußes das Weite.

Zwei ausländische Mitbürger melden der Funkleitstelle, sie hätten einen überfahrenen Wolf auf der Straße aufgefunden. Die Meldung verwundert, da in der hiesigen Region keine Wölfe beheimatet sind. Möglicherweise könnte das Tier aber aus einem Zoo oder Zirkus ausgebrochen sein. Gespannt fahren die Beamten zur Fundstelle. Dort angekommen können sie im Scheinwerferlicht tatsächlich einen Kadaver wahrnehmen, der mit einem Pelz und scharfen Zähnen ausgestattet ist. Allerdings ist die Größe des Tieres etwas irritierend. Sicherheitshalber werden die beiden Hinweisgeber nochmals befragt. Worauf einer der beiden entgegnet: „Ist dies kein Wolf? Ah, dann vielleicht ein Biber?"

Leider mussten die Männer enttäuscht werden. Bei dem Tier handelte es sich lediglich um einen etwa katzengroßen Marder.

Kommt ein Anzeigenerstatter auf die Wache. Bevor er sein Anliegen vorträgt, schickt er erklärend voraus: „Lachen Sie bitte nicht über meinen Namen!" Zögerlich legt er seinen Personalausweis vor. Demnach lauten seine Personalien wie folgt:

Familienname: Liebling*
Geburtsname: Geiler*

*Namen sinngemäß übertragen

Anwohner alarmieren völlig entrüstet die Dienststelle: „Bitte kommen Sie unverzüglich. Unsere Nachbarin schreit wie am Spieß. Offensichtlich wird sie von einem Mann geschlagen!"

Schnellstens begibt sich die Funkstreife an den Ort des Geschehens. Auf Klingeln öffnet ein leichtbekleidetes Paar. Lachend teilen beide mit: „Alles ok Herr Wachtmeister. Wir hatten lediglich leidenschaftlichen Sex."

Ein dienstlicher Auftrag machte die Überfahrt auf einer Flussfähre erforderlich. Um sich die Zeit zu verkürzen, kam es zu dem üblichen Tratsch über Kollegen. Ausgiebig wurden die verschiedenen Themen ausgewälzt. Vorsorglich wurden zuvor die Fenster geschlossen, damit das Gespräch nicht nach außen dringen konnte. Ein beiläufiger Blick zu den übrigen Passagieren, u.a. Fußgänger und Radfahrer, ließ keine nennenswerte Reaktionen erkennen. Nach der Überfahrt wurden die Fenster in der sommerlichen Mittagshitze wieder heruntergekurbelt.

Zu unserem Entsetzen bemerkten wir dabei, dass der Schalter des Außenlautsprechers sich verklemmt hatte und alle Gespräche mit entsprechender Lautstärke nach draußen übertragen wurden ...

Ein Kollege wird nach einer Schulterfraktur beim Polizeiarzt vorstellig. Im anschließenden Gespräch fragt der Arzt nach, ob dieser eine Katze als Haustier halte. Etwas verwirrt erkundigt sich der Kollege über den Hintergrund der Frage. Hierauf der Arzt: „Wenn Sie eine Katze hätten, könnten Sie diese über die verletzte Schulter legen. Dies beschleunigt den Heilungsverlauf...“

Durch Passanten wird an der Neckarwiese eine Straßenlaterne gemeldet, die sich bedrohlich zur Seite neigt und umzustürzen droht. Vor Ort kann der Grund der Schieflage ermittelt werden: Bei der Laterne handelt es sich um einen beliebten Treffpunkt für Hunde, die dort ihr kleines Geschäft verrichten, wodurch sich an dieser Stelle über die Zeit deutliche Korrossionsspuren bildeten, die schließlich der Laterne den Garaus machten.

Auf dem Parkplatz eines Einkaufmarktes geraten ein Herr und eine Dame in einen heftigen Streit. Der erboste Besitzer einer Nobelkarosse hält seiner Kontrahentin vor, sie habe beim Beladen des Innenraumes ihres Pkw die Tür zu weit geöffnet und damit mehre Dellen in sein Edelblech geschlagen. Dies streitet die Frau jedoch energisch ab. Nun soll eine Rekonstruktion helfen, mit welcher die Frau einverstanden ist. Schwungvoll reißt sie dazu ihre Tür auf und schlägt diese mit einem lauten „Klong" gegen das teuere Gefährt ihres Widersachers. Deutlich sichtbar ziert nun eine weitere Delle die einst makellose Flanke des Gefährts. Die Beweisaufnahme konnte hiermit als abgeschlossen gelten.

In der Vorweihnachtszeit sollte ein Haftbefehl gegen die bessere Hälfte eines revierbekannten Pärchens vollzogen werden. Durch Zahlung der geforderten Geldstrafe hätte der Vollzug abgewendet werden können. Die Betroffene sicherte inbrünstig zu, nach den Festtagen eine staatliche Geldanweisung zu erhalten, mit der sie selbstverständlich umgehend die Strafe bezahlen wolle. Dabei appellierte sie an die christliche Nächstenliebe der Beamten, die sich nicht dem Verdacht der Hartherzigkeit aussetzen lassen wollten und zunächst vom Vollzug des Haftbefehls Abstand nahmen. Zum vereinbarten Termin wurden die Beamten nach den Festtagen abermals vorstellig. Zu ihrem Erstaunen konnten sie die Betroffene in ihrer

Wohnung ausgehfertig mit gepacktem Koffer antreffen. Diese hatte nach eigenem Bekunden sich dann doch lieber der weihnachtlichen Stimmung voll hingegeben und das Geld in Alkohol umgesetzt.

Wie so oft kam es zu Streitigkeiten zwischen unserem bereits wohlbekannten Pärchen. Grund war dieses Mal, dass ein Bekannter romantische Gefühle für die Dame des Hauses hegte. Dies erregte Missfallen bei ihrem Lebensgefährten, der in Gegenwart der Beamten den Gast nachdrücklich aus der Wohnung verwies. Hierauf ging dieser kommentarlos an den Kühlschrank und machte sich daran, seine mitgebrachten Bierdosen einzusammeln. Aufgebracht erkundigte sich der Beschwerdeführer nach der zugrundeliegenden Absicht. Hierauf der Gast: "Wenn ich gehen soll, nehm´ ich mein Bier mit." Antwort des Hausherrn: "Na, dann will ich mal nicht so kleinlich sein."